Excelsior
MAGISTERIO

Autoestima y motivación
Valores para el desarrollo personal

Leonel Vidal Díaz

Excelsior
MAGISTERIO

Colección Excelsior

AUTOESTIMA Y MOTIVACIÓN
Valores para el desarrollo personal

Autor
©   *LEONEL VIDAL DÍAZ*
       Libro ISBN   978-958-20-0566-5

Primera edición: Año 2000
Segunda edición: Año 2013

© *COOPERATIVA EDITORIAL MAGISTERIO*
Diagonal 36 Bis No. 20-70 Parkway
PBX: 2884818
Bogotá, D.C. Colombia
www.magisterio.com.co

Dirección General
ALFREDO AYARZA BASTIDAS

Carátula
GREG RAGLAND

Contenido

*Aunque recorramos el mundo en busca de belleza,
si no la sentimos dentro, nunca la encontraremos.*

Emerson

Presentación

Hacia la felicidad y el éxito

Si este libro ya está en tu poder, supongo que es porque te interesa poner las riendas de tu destino en tus manos. Porque no estás dispuesto a dejar un asunto tan importante, como es el futuro de tu vida, al vaivén de las circunstancias. Estás consciente que la superación personal, la felicidad y el éxito dependen particularmente de tí y piensas hacer algo al respecto. Te felicito por ello.

Si has aceptado leer el libro y si aceptas el reto de aplicar el *plan de crecimiento personal* que resulte de la lectura, te aseguro que pronto encontrarás cambios en tu familia, en tus amigos y en ti mismo. No porque ellos cambien como resultado de tu lectura, sino porque nuestro entorno cambia con nosotros cuando nosotros cambiamos la actitud hacia nuestro entorno.

Si has aceptado leer este libro y si aceptas poner en práctica algunas de las propuestas que aquí se argumentan, también estarás haciendo un aporte importante para lograr una sociedad mejor. De hecho, el aforismo que ha motivado este libro es que *para construir una sociedad mejor es preciso hacer al hombre nuevo*. Es cambiando al hombre como lograremos hacer un tejido social fresco, vigoroso y con valores. No se puede pretender una sociedad mejor, con hombres sin valores; una sociedad pacífica con hombres violentos; una sociedad democrática, con individuos autocráticos; una sociedad justa, con hombres que sólo perciben la justicia a través del agujero de su propio embudo.

Algunos estudiosos del comportamiento han coincidido en afirmar que si alguien repite un comportamiento a través de veintiún días consecutivos, habrá desarrollado un nuevo hábito. Siendo así, es muy importante desarrollar los ejercicios, sacar tus propias conclusiones y ponerlas en práctica de acuerdo a la prioridad que les asignes.

Finalmente, déjame decirte qu e el estado en que te encuentras hoy es resultado de lo que hiciste o dejaste de hacer en el pasado y eso ya no es posible cambiarlo.

Lo que logres en el futuro depende de las decisiones y acciones que tú emprendas hoy, y eso está en tus manos. Así pues, ¡manos a la obra!

Introducción

AUTOESTIMA es un término que se viene utilizando masivamente en muchos ámbitos y con diversos propósitos. Por esta razón conviene plantear algunos cuestionamientos que nos ayuden a entender y contextualizar el concepto.

- ¿En qué consiste la autoestima?
- ¿Por qué es tan importante?
- ¿Cómo se refleja en nosotros?
- ¿Cómo construirla o modificarla?
- ¿Qué relación tiene con el éxito y la felicidad de las personas?
- ¿Cómo contribuir para que nuestros hijos tengan una autoestima sana?

Desde antes de nacer y durante toda la vida hemos ido recogiendo sentimientos, vivencias, pensamientos y emociones relacionadas con nuestro ser. Esta recolección de experiencias es acumulada y procesada generalmente de manera inconsciente, hasta elaborar un conjunto de opiniones respecto al propio individuo.

Miles de impresiones reunidas de esta manera se integran en una imagen (la autoimagen) la cual puede ser positiva y trabajar en beneficio de la persona, o puede ser negativa y afectar consecuentemente toda su vida.

Así pues, podemos decir que la autoestima hace referencia a la opinión que de manera consciente e inconsciente tiene un individuo respecto de su propio valor e importancia; así como de su responsabilidad en las relaciones interpersonales (con otras personas), intrapersonales (consigo mismo) y con su entorno (con lo que le rodea).

La franja de autoestima sana

Algunos estudiosos del comportamiento humano, han dado en afirmar que no existe límite a la autoestima alta. Según su criterio es imposible tener demasiada autoestima. Como es imposible tener demasiada buena salud, afirman.

Interesante punto de vista. Sin embargo, en gracia de discusión, conviene analizar otro criterio:

Existe una "franja" de autoestima sana. El individuo que tiene una autoestima alta *dentro* de esa franja, se caracteriza por su madurez, tolerancia a las diferencias y aprobación de sí mismo. Las personas que tienen su autoestima por debajo de aquella franja sana, se reconocen por su permanente actitud defensiva o de repente agresiva y sin motivo, evitan la controversia sometiéndose dócilmente al criterio ajeno. Son personas que tienen *complejo de inferioridad*.

Finalmente, los individuos que tienen una autoestima alta aparente. Están por fuera de la franja de autoestima sana. Son presumidos, egoístas y arrogantes. Entienden que la controversia de argumentos consiste en pisotear al contradictor e imponer su punto de vista; asumen que el mundo gira en torno a ellos y su prepotencia los lleva a compararse con los demás para evidenciar una supuesta superioridad. No hay tal: *Sólo es complejo de superioridad.*

Visto así, en materia de autoestima lo que el hombre debe buscar es una autoestima alta dentro de la franja sana, que es de lo que nos ocuparemos en este libro.

La autoestima juega un papel muy importante en la vida de las personas, dado que influye en todo lo que el individuo hace.

Con una autoestima sana usted podrá:

* Tener confianza en sí mismo
* Ser el tipo de persona que quiere ser
* Aceptar retos personales y profesionales
* Entender el fracaso como parte de su proceso de crecimiento
* Ser tolerante, en el buen sentido de la palabra
* Disfrutar más de los demás y de sí mismo
* Establecer relaciones familiares satisfactorias
* Ser asertivo en su comunicación y en su comportamiento
* Obtener adecuado rendimiento académico o laboral
* Tener metas claras y un plan de acción para lograrlas
* Asumir riesgos y disfrutarlos
* Anteponer la aprobación personal a la aprobación ajena
* Afrontar un auditorio y expresar su opinión personal
* Eliminar oportunamente los sentimientos de culpa
* Alegrarse honestamente por los logros de otras personas, sin sentir celos o envidia
* Decir "si" o "no" cuando quiera, no por las presiones recibidas.
* Tener mayor capacidad para dar y recibir amor.

En resumen podemos decir que la autoestima juega un papel fundamental en la vida de las personas, dado que influye en todo lo que el individuo hace y obtiene.

La autoestima actúa en todo lo que usted hace

Hechos que denotan un bajo nivel de autoestima

Existen muchos sentimientos, actitudes y comportamientos que son característicos de las personas que tienen una autoestima baja.

Le sugiero leer este aparte con humildad, ya que generalmente existe la tendencia a percibir en estas caracterizaciones a nuestros familiares, amigos, jefes y compañeros de trabajo. Pero casi nunca nos vemos reflejados a nosotros mismos. Así pues, apelemos a nuestra modestia para identificar vacíos en los cuales podamos trabajar para crecer.

• El desempeño mediocre

Convénzase de una cosa: Las personas de calidad trabajan con calidad, las personas mediocres trabajan de cualquier forma.

Alguna vez que expuse este asunto en uno de mis seminarios, uno de los asistentes exclamó casi indignado que aunque él era muy buen trabajador, desde hacía algún tiempo venía trabajando mediocremente, porque su "patrón" no merecía otra cosa. Permítame repetir lo que comenté en aquella ocasión: Si ese es el caso, usted tiene varias opciones. Por ejemplo, trabajar con calidad ("personas de calidad trabajan con calidad, personas mediocres presentan resultados mediocres"). Otra, cambiar de trabajo y de patrón. Puede también independizarse y comenzar su propio negocio. Afirma Sartre que el hombre está "condenado a ser libre" y usted está en la posibilidad de ejercer esa libertad.

En términos generales, una persona que trabaja mediocremente está manifestando que se valora muy poco y por lo tanto la calidad de su esfuerzo no es importante.

• El suicidio

El suicidio, en cualquiera de sus formas, es tan solo la forma más dramática de la manifestaci ón de una baja autoestima.

No se puede desconocer que el suicidio no es resultado de un solo factor, pues los elementos que intervienen son múltiples y de los más diversos orígenes; pero en esa maraña de factores la autoestima es uno de los aspectos que más pesan a la hora de tomar una decisión trágica.

Los individuos altamente depresivos tienen pensamientos negativos acerca de sí mismos, acerca de su mañana y también sobre el mundo.

El suicidio representa la convicción de que la existencia no vale nada, refleja la ausencia de utopías de una persona, la certeza de que sus capacidades son limitadas para afrontar los retos que le impone la vida y que el mundo es una inmundicia donde no vale la pena permanecer.

El suicidio es, sin lugar a dudas, la expresión más dramática de una baja autoestima. Lo confirma también el hecho de que los asesores que trabajan en las *líneas telefónicas de ayuda* lo que hacen siempre en primer lugar, ante una llamada desesperada, es tratar de elevar el nivel de autoestima de la persona que solicita la ayuda. *Después* utilizan otras herramientas.

• Consumo de sustancias alucinógenas y otras sustancias sicoactivas

El consumo y la adicción a los alucinógenos es simplemente una forma de "suicidio pasivo".

Independientemente del pretexto con que se pretenda justificar el consumo, sencillamente es un atentado contra el individuo y en esa misma medida la aceptación tácita de una pobre estimación por sí mismo.

¿Ha visto a alguien que cada día se clave su puñal un poquito más?

• **Comunicación interior negativa**

La comunicación interior negativa tiene unas enormes consecuencias lesivas, tal como lo veremos más detalladamente.

Hacemos referencia a todas aquellas expresiones destructivas que de manera inconsciente nos repetimos mentalmente: "No podré alcanzarlo", "es muy difícil para mí", "yo nunca pude hacerlo", "que tonto soy"...

La repetición de afirmaciones, ya sea en la comunicación verbal o en la comunicación interior, forma esquemas mentales que determinan los resultados de la persona.

Cuando una persona en su comunicación interior dice *"no soy querible"*, lo más probable es que busque una pareja que no la quiera, que la lastime e inclusive que le agreda físicamente. Y la persona permanece a su lado, porque le reafirma su programación mental. Así se explica el hecho de que una mujer que ha tenido un esposo borracho y agresivo, se separa y con mucha frecuencia busca otro hombre que también es borracho y agresivo.

Así mismo, quienes se consideran brutos obtienen bajos resultados académicos, quienes se consideran torpes son pésimos deportistas, quienes se consideran feos tienden a desatender su apariencia física, quienes se consideran débiles enferman con frecuencia, quienes se consideran ineptos e incapaces solo excepcionalmente obtienen logros importantes.

Naturalmente, la comunicación interior puede ser positiva y, en consecuencia, generar resultados positivos. En el capítulo *Cómo elevar su autoestima* veremos cómo modificar la comunicación interior y obtener esquemas mentales favorables.

• Comer en la olla Comer en la cocina Comer en el piso

Muchas señoras "prefieren" quedarse en la cocina y comer el poquito de comida que sobró, mientras toda la familia está sentada a la mesa. ¿Qué lugar se está dando? ¿Cómo será tratada posteriormente?

De otra parte, no es extraño encontrar familias donde los hijos almuerzan con el plato en el piso mientras ven televisión. ¿Qué significa? Uno; un programa de televisión es más importante que su propia alimentación. Dos, su plato de comida en el piso...

A propósito de esto, escuche esta historia de la vida real:

> *La mamá dice a su hijo:*
>
> — *Levanta el plato del piso, que pareces un animalito.*
>
> — *...pero si no lo tengo en el piso, mami. Lo tengo encima de un zapato.*

• Conservar, las cosas nuevas o en buen estado solo para atender las visitas

Es curioso ver que muchas familias utilizan una vajilla vieja y desportillada porque los platos y cubiertos que están en buen estado son reservados única y exclusivamente para atender las visitas. ¿Acaso usted y su familia no lo merecen también?

• El disgusto y el resentimiento por el éxito ajeno

En varios países donde he sido invitado como conferencista he recibido el mismo comentario: "En esta región la gente es muy envidiosa". Como si la envidia fuera una particularidad distintiva únicamente de las personas de aquella zona.

La verdad es que la envidia no es un rasgo propio de las personas de una región. La envidia, entendida como el dolor por el bien ajeno, puede surgir donde quiera que haya personas que se consideren inferiores a aquellas que han obtenido logros. La envidia es resultado de la aceptación de la propia mediocridad, de la falta de creatividad e iniciativa, la iniciativa que sí tuvo la persona que es víctima de sus consejas. La envidia es otro hijo legítimo de la baja autoestima.

• No invertir en capacitación y crecimiento personal

"El oficio del hombre es ser cada día mejor". Es necesaria la capacitación y actualización en dos sentidos: En su línea de trabajo y en su crecimiento personal.

Las personas que tienen autoestima baja o falsa autoestima alta suelen creer que no necesitan mejorar.

Otras conductas que también advierten la presencia de una autoestima inferior, no requieren mayores comentarios:

- Dejar pasar los días sin hacer nada, sin buscar su destino, sin construir futuro.

- No destinar el tiempo necesario para almorzar.

- Descuidar la dieta.

- Comprar el seguro del carro, pero abstenerse de comprar el seguro de vida.

- Aceptar sobornos.

- Acudir a los servicios de prostitutas o prostitutos.

- La promiscuidad.

- Abstenerse de presentar su propia opinión.

- Sentir temor ante las personas que representan autoridad o niveles jerárquicos.

- Despreocuparse por la presentación personal.

- Comentar continuamente, ante propios y extraños, su lamentable estado de salud.

- Sentirse lastimado mucho tiempo debido a comentarios y opiniones de los demás.

La lista se haría interminable. Se podrían enumerar otros comportamientos de similar connotación. Le sugiero desarrollar el siguiente ejercicio que le permitirá afinar su percepción sobre este asunto tan importante.

Plan de crecimiento personal

1. Observe otras situaciones de la vida diaria que a su juicio indiquen un bajo nivel de autoestima por parte de quien la ejerce.

____

____

____

____

____

2. Explique ¿por qué considera que los comportamientos señalados indican un bajo nivel de autoestima?

____

____

____

____

3. A su juicio, los comportamientos señalados deberían ser reemplazados así:

____

____

____

____

____

El respeto
por los demás

El respeto al derecho ajeno es la Paz

Benito Juárez

El respeto por los demás implica el respeto por nosotros mismos, puesto que hacemos parte de un mismo "prójimo". Somos, como dice Alberto Cortes, "los demás de los demás".

El respeto por el otro no significa que yo deba sacrificar el autorrespeto. Por el contrario, conlleva reconocer los derechos y la dignidad de los demás como la mía propia.

Autoestimarse también implica, pues, tener respeto por los demás. Es nuestro reconocimiento y el reconocimiento del otro como individuo, como personas humanas, con derechos, defectos, cualidades y vacíos.

Cualquier forma de agresión y de irrespeto es la manifestación expresa de que la persona se aprecia tan poco que se cree en el derecho a faltar el respeto a los demás.

Existe una gran cantidad de comportamientos que constituyen la demostración de bajos niveles de autoestima por la vía de la falta de respeto por los demás.

Por ejemplo:

• Sobornar o aceptar sobornos

El soborno significa que los demás no te merecen respeto y se pueden comprar, o al menos intentarlo.

En alguna ocasión un agente de tránsito me decía que las famosas "mordidas" existen porque los salarios son muy bajos. Por ello sería comprensible que un alférez "acepte" algún dinero extra. Tal vez. Pero pregunto: Si ese agente tuviera el doble del salario actual, ¿no aceptaría sobornos?

Definitivamente el hecho de aceptar o no sobornos rara vez tiene que ver con el nivel de salarios, sino con el nivel de los valores que posee el individuo.

• Hablar mal de las persona

Usted habrá visto algunas personas que parecen disfrutar cuando hablan de la halitosis del compañero de trabajo, del mal humor del jefe, del inexistente busto de la secretaria, de los piojos de perencejo, de la rasquiña permanente de sutanito y mil cosas más.

Ciertamente, quien pierde imagen y altura no es la persona vilipendiada sino quien le agravia a traición. Así que si no tiene nada bueno que decir de alguien, mejor no diga nada.

• El vandalismo

Dañar las cosas ajenas o las que aparentemente no son de nadie.

El vandalismo, esa inclinación a destruir y devastar todo, es ausencia de consideración por los demás y de respeto por uno mismo.

• Fumar en sitios prohibidos

Se han desarrollado muchas campañas a propósito de este asunto. Los no fumadores han ganado espacios que antes no se consideraban; pero aún así, no falta el personaje que atropella la norma y, con ella, el derecho de quienes le rodean.

• No cumplir las citas o llegar tarde a los compromisos

Cualquier persona, por desocupada que esté, merece respeto. Es desatinado e irresponsable incumplir una cita o hacer esperar a una persona.

Es muy común la imagen del funcionario que se da importancia haciendo que las personas que le buscan tengan que esperarle en la recepción de su oficina durante un largo rato. Al parecer es la única forma de cobrar importancia; pero si de cobrar importancia se trata, se logra mejor con la puntualidad.

Plan de crecimiento personal

1. Registre algunas situaciones comunes que a su juicio indiquen falta de respeto por los demás o por uno mismo.

   ____

   ____

   ____

   ____

2. Las situaciones que usted ha registrado, ¿cómo afectan las relaciones de las personas? ¿qué cambios sugiere introducir en la conducta abusiva?

   ____

   ____

   ____

   ____

3. ¿Con qué comportamientos nuevos se compromete usted para mejorar su respeto por el derecho ajeno? Si desea responder confidencialmente, por favor, utilice una hoja aparte, pero no deje de hacerlo.

   ____

   ____

   ____

   ____

La relación con el dinero

*Y si estamos dispuestos a dar aquello que buscamos,
mantendremos la abundancia del universo
circulando en nuestra vida.*
Deepak Chopra

Por alguna extraña razón se ha venido popularizando la bizantina idea de que el dinero no es necesario. La verdad sea dicha, ¡yo no he podido convencer de eso a mis acreedores!

Pongamos las cosas en la perspectiva correcta: no importa cuantas acrobacias mentales se hagan para filosofar en torno al tema del dinero, siempre llegaremos a una verdad arrolladora: ¡El dinero es muy importante! ¡es indispensable!

Ahora bien. Con el dinero usted no podrá ir al supermercado a comprar autoestima. Ni felicidad. Ni éxito. Pero no tener dinero, no poder comprar los elementos básicos necesarios y, aún más, no poder controlar las deudas, afecta la autoestima de manera directa. El dinero implica seguridad, confianza, comodidad, alimentos, tranquilidad para la familia.

Con dinero usted no podrá comprar tampoco tranquilidad mental, pero sin dinero no la tendrá.

Por eso es tan importante la relación que establecemos con el dinero: Nuestro esquema mental, el conjunto de ideas y conceptos que tenemos respecto al dinero es lo que define nuestro equilibrio económico y el manejo que damos a los asuntos financieros.

El siguiente ejercicio le ayudará a descubrir su sistema de creencias respecto al dinero.

Revele las frases que usted suele utilizar y están relacionadas con el dinero y con el bienestar. Identifique las que usted dice o piensa con regularidad. A continuación encontrará algunas que le ayudarán a recordar.

- "Estamos en la olla"
- "El dinero lo es todo"
- "Antes era más fácil hacer plata"
- "Estoy mascando un cable", dicen en Centroamérica
- "Ganar dinero es fácil. Lo difícil es conseguirlo"
- "Me opongo a la explotación. Por eso no tengo riquezas"
- "Cuanto más ganas, más gastas"
- "Ningún dinero alcanza"
- "El dinero corrompe"
- "Los que son felices es porque tienen mucho dinero"
- "Todo se compra, todo se vende"
- "Todo se reduce a una cosa: dinero"
- "Estoy *yuca*", ("enterrado", "arrancado", "pelado" y "en la olla"
- "con esta crisis..."
- "Es mejor ser pobre porque no te secuestran"
- "Hijo, lávate las manos porque cogiste dinero y *el dinero es sucio*"

¿Cuáles son sus creencias respecto al dinero y la riqueza? Le sugiero que lleve esas creencias del plano inconsciente al plano consciente; porque ellas podrían estar bloqueando su sendero hacia la prosperidad.

Quiero ilustrar este concepto con un hecho de la vida real. Hace varios años, siendo yo gerente de ventas en una importante empresa financiera asistí a un coctel donde fui presentado con un hombre, quien recientemente había ganado el premio mayor de la principal lotería del país, obteniendo U$250.000 libres de impuestos. Un par de años más tarde, mi empresa lanzó al mercado un plan de captación de recursos muy interesante, donde el cliente obtenía los mejores intereses del mercado financiero. Recordé entonces al afortunado hombre y solicité a una amiga mutua que nos pusiera en contacto para presentarle el mejor proyecto de inversión que pudiera imaginar...

¡Cuál sería mi sorpresa cuando mi amiga me informó que el sujeto había quebrado! Había malversado todo el dinero comprando cosas ostentosas, carísimas e inútiles a tal punto que su casa de U$ 150.000 ya estaba embargada. ¡Sencillamente increíble! Pero ¿cómo pudo hacerlo? La respuesta, está en su sistema de creencias. Según su esquema mental, tener dinero era tener problemas; el dinero corrompía a la gente y cuando alguien tenía dinero era amado por sus bienes más no por lo que era como persona. Con ese esquema mental, la quiebra era sólo cuestión de tiempo...

La pobreza es una actitud y, desgraciadamente, puede ser permanente si la gente lo permite.

La pobreza es una actitud pero afortunadamente puede ser superada, si usted se lo propone.

Suponga que usted recibe repentinamente 10 millones de dólares libre de impuestos y puede hacer con ellos lo que desee.

Pregúntese: ¿Cómo sería su vida a partir de entonces? ¿Cambiaría de actividad? ¿A qué dedicaría el tiempo laboral? ¿Cambiaría su residencia? Si fuera así, ¿qué debería tener su nueva morada que no tiene ahora?, ¿adónde iría?, ¿qué clase de amigos frecuentaría?, ¿qué buscaría en ellos?

Aunque este ejercicio se desarrolla en el campo de la ficción es útil para identificar el papel que juega el dinero en su vida, como también la pasión que siente por su actividad actual.

En *El juego del dinero*, Adam Smith comenta la historia de un corredor de bolsa que deseaba ganar mucho dinero para abandonar su actividad e irse a vivir en un yate de lujo en la Florida. Cuando así lo hizo, encontró que se aburría terriblemente y optó por regresar a trabajar a la Bolsa de Valores. Sólo que entonces había encontrado una nueva dimensión a su trabajo y al dinero que ganaba.

Es importante cuestionarse: ¿En qué está centrado mi interés? ¿En la riqueza o en la prosperidad? ¿Acaso el dinero es un fin en sí mismo? ¿Qué es lo realmente importante?

Plan de crecimiento personal

1. Escriba las ideas de mayor importancia que Ud. encontró en la lectura de este capítulo, las que puede utilizar para su crecimiento personal. Si desea hacerlo confidencialmente, hágalo en una hoja aparte, pero por su bien, no deje de hacerlo ni lo aplace.

2. Escriba cómo las empleará en su vida para que representen utilidad para usted y/o para otras personas.

3. Escriba qué beneficios espera obtener al aplicar las ideas que ha descrito anteriormente.

Asertividad

El término *asertividad* tiene su origen en el vocablo latín assertum, que significa afirmar.

La Real Academia Española lo define así: "Declarar o afirmar positivamente, con seguridad, con sencillez y fuerza".

La asertividad es la *manifestación adecuada* de nuestras opiniones y sentimientos; es decir, sin agredir a los demás pero asumiendo el respeto y dignidad propios.

El comportamiento que una persona tiene hoy es resultado de la reiteración de conductas aprehendidas a lo largo del tiempo. Por eso, la modificación de esas conductas requiere de un esfuerzo juicioso para obtener resultados importantes.

En primer lugar, es conveniente descubrir los comportamientos no asertivos para aplicar medidas correctivas que comentaremos en el transcurso de las próximas páginas.

Cada persona tiene derechos individuales que generalmente ignora.

Naturalmente, si esas facultades no se conocen, no se defienden y pasan a ser espacios sacrificados o, peor aún, espacios usurpados por otras personas.

Derechos que generan asertividad

1. A decidir qué hacer con su vida

Nadie es más dueño de su propia vida que uno mismo. Nadie es más indicado para decidir qué hacer con ella. Naturalmente asumiendo las responsabilidades y consecuencias personales y sociales que se deriven de sus decisiones.

Hace algún tiempo, trabajando en una compañía de seguros descubrí que la vinculación de representantes de ventas de buen perfil profesional significaba cierta dificultad. En la entrevista con los candidatos se explicaba con lujo de detalles en que consistía el trabajo, las dificultades y satisfacciones, el paquete salarial, el plan de incentivos y la función social tan importante que se cumplía. Los aspirantes se iban a casa muy motivados pero un alto porcentaje de ellos desistía porque su familia y sus amigos les anunciaban un trabajo lleno de espinas y omitían las rosas. En resumen, muchos candidatos vencidos por la presión de su familia y sus amigos (que además no le ofrecían otras opciones) no tenían la asertividad para ejercer su derecho a decidir qué hacer con su vida.

> *Soy libre de elegir mi destino,*
> *y cualquiera que este sea*
> *yo soy el único responsable*
> *de la calidad de vida que poseo.*
>
> Miguel Ángel Cornejo

2. A obrar sin la aceptación de los demás

La búsqueda de la aprobación ajena es un comportamiento que bloquea la libertad del individuo. Aquellos candidatos a representantes de ventas podían tomar su propia decisión: "Agradezco tu comentario y tu interés, pero decidí que voy a aceptar el cargo".

3. A ser su primer juez

Es anteponer su criterio al criterio ajeno. Sobre sus decisiones la valoración primera, la más importante, debe ser la suya propia.

Recuerdo con encanto la imagen de una hermosa dama en una playa de Cancún: Aunque era extraordinariamente gorda, vestía un diminuto bikini. Era su primer juez y aprobaba su imagen. La gente pasaba, comentaba y sonreía burlonamente, pero ella no se inmutaba: Sabía que la opinión de los demás jueces era secundaria y su criterio, el del primer juez, era el más importante.

4. A opinar diferente de los demás

Es preciso entender y hacer entender el valor de la diferencia.

Se suele creer que una relación de pareja o una relación personal garantiza su unión en el tiempo cuando se comparten los mismos gustos, cuando son iguales los criterios políticos, religiosos y filosóficos, cuando sus aficiones e intereses parecen calcados. Esto tal vez funcione, pero la base más sólida no es la coincidencia sino la aceptación gustosa de la diferencia: es la oportunidad de enriquecerse cuando se asoma a un punto de vista hasta ahora desconocido, cuando se retiran las anteojeras y se rompe la visión estrecha de la propia perspectiva.

5. A decir "no quiero", "no me gusta", "no lo comparto", "yo no estoy de acuerdo", "no me interesa"

Este derecho, especialmente, se debe inculcar a toda persona desde la más temprana edad.

En mi experiencia con jóvenes escolares he escuchado repetidamente la historia de cómo se inician en algunos vicios y en la drogadicción. Los muchachos buscan la aceptación del grupo y si no tienen asertividad, son incapaces de decir "no quiero", "esto no va conmigo".

Existen corrillos de niñas donde el requisito de ingreso es haber perdido la virginidad. Una manifestación de asertividad es la capacidad de decir "no cuenten conmigo. Lo haré cuando yo quiera, no cuando ustedes me lo impongan".

Cuántas chicas (¡y chicos!) han cedido ante la manipulación cretina de quienes piden "una prueba de amor". Situación que puede frenarse fácilmente si la persona hace uso de su asertividad.

El satanismo ha encontrado su caldo de cultivo en la desorientación juvenil, en la ausencia de valores y en la falta de asertividad. En la incapacidad de decir "ese rollo no me interesa".

Para no ir más lejos, si usted aún es fumador o lo fue, recuerde como se inició... Si hubiera dicho "no quiero", "no me gusta", "no deseo intentarlo", ¡nunca habría fumado!

... decir "no" también es una opción

Goethe

6. A equivocarse

El hombre es perfecto mas no inequívoco.

Tenemos todo el derecho a equivocarnos. Cuando somos conscientes de esto, podemos sentirnos libres de actuar porque el error es tan sólo un camino, una opción. No la última catástrofe.

7. A cambiar de manera de pensar

Si tenemos derecho a equivoca rnos, es obvio que podamos cambiar de parecer. Es el derecho a resarcir nuestros errores. No tenemos que renunciar a la búsqueda de la alternativa correcta y permanecer equivocados el resto de nuestras vidas.

8. A finalizar con relaciones negativas o nocivas

En la película *As good as it gets, (Mejor imposible)* el protagonista, papel representado por Jack Nicholson, recibe de su amiga esta frase:

> — *Tu amistad me afecta. Me hace mucho*
> *daño, por eso no quiero volver a verte.*

Si la película tuviera tan solo esa escena ya habría valido la pena. Es una magnífica lección de asertividad.

Los matrimonios y las amistades son para crecer conjuntamente y es importante hacer lo posible para que sea así. De otra forma, se pueden convertir fácilmente en relaciones nocivas. La asertividad nos brinda el derecho de finalizar con todo aquello que nos cause daño y todo aquello que deteriore nuestra autoestima.

9. A rechazar solicitudes, sin justificar su negativa y sin sentirse mal por ello

Un amigo le pide a otro que le sirva de fiador. Éste hace el favor y después comenta con ira que se vio obligado a hacerlo aunque no quería. No se atrevió a dar una respuesta negativa. ¿Por qué?

Una persona recibe un dinero en presencia de un amigo, quien aprovechando las circunstancias le pide prestada una parte. Aquella le facilita la suma y luego piensa que su amigo es un oportunista que abusó de la situación. ¿Por qué lo hizo?

10. A ser ilógicos en nuestras ideas, decisiones y actuaciones

La gente considera que son ilógicas aquellas ideas que no concuerdan con las suyas o las que riñen con los procedimientos establecidos.

Generalmente las ideas creativas y los negocios pioneros se disfrazan de ilógicos y absurdos. Piense en cada invento importante, en cada desarrollo, en cada innovación. Todos ellos fueron considerados extravagantes en algún momento.

Ahora bien, si la idea no conduce a ningún invento ni desarrollo hay que recordar que de todas formas tenemos derecho a estar equivocados y aún así exponer nuestro punto de vista.

La práctica de estos y otros derechos deben acompañarse de una comunicación no verbal asertiva. Una postura corporal coherente con lo que se desea transmitir. De igual manera, la mirada, el tono de voz y los gestos deben conservar esa coherencia.

Tal como se afirma en mi publicación *Tolerancia: El desafío de la convivencia,* "Basado en la asertividad, un individuo sabe ser autónomo para expresar lo que piensa, lo que siente o lo que desea. Puede comunicarse abiertamente en cualquier ambiente, ya sea ante desconocidos o amigos. No busca zaherir o descalificar a sus interlocutores, sencillamente garantiza para sí el derecho a comunicarse como una persona sin ataduras emocionales".

Plan de crecimiento personal

1. Identifique cuáles derechos básicos no está poniendo en práctica.

2. El hecho de no rescatarlos y ponerlos en práctica ¿cómo le está afectando?

3. Determine cómo procederá en el futuro para ejercer su asertividad. (Recuerde que el ejercicio de sus derechos implica el respeto al derecho de los demás).

Cómo elevar
su autoestima

1. Reconozca cuál es la razón de ser de su vida, el propósito máximo, el objetivo último, lo que justifica su existencia, su MISIÓN en el Universo.

Con esto, somos conscientes de nuestra trascendencia para la humanidad.

Esa razón puede estar relacionada con la familia, con el país, un propósito social, la niñez desamparada u otro fundamento que usted elija.

2. Establezca metas personales con claridad y determinación. Redáctelas de manera asertiva y póngalas por escrito

¿Sabe usted por qué cuando compró la casa o el carro le tocó hacer un contrato escrito y hacerlo autenticar ante notario público? Sencillamente porque el compromiso que allí se estipulaba era serio e importante. Ahora bien. Usted va a hacer un compromiso con la persona más importante del mundo (o sea usted mismo) para comprometerse con el asunto más importante del mundo (es decir, sus metas). ¿Por qué, entonces, no las coloca por escrito?

Cuando ya las tenga escritas, le sugerimos hacer algo muy importante: Vaya a la notaría y haga autenticar su firma. Conserve este *contrato* a la mano porque es importante que lo lea con frecuencia.

Una persona con una baja autoestima permite que su vida vaya a la deriva. Una persona con una autoestima sana toma las riendas de su vida; tiene sueños y metas que le dan norte a su existencia.

Sin utopía

La vida es sólo un ensayo para la muerte

J: M: Serrat

3. Aprende a colocar tus propias metas

Las metas han de ser claras, medibles, positivas, fraccionables, exigentes pero alcanzables.

Las metas personales deben basarse en un examen sensato de su propia personalidad, de sus conocimientos y habilidades actuales, de la situación en que se encuentra hoy, de lo que desea obtener y de lo que estaría dispuesto a hacer para lograrlas.

Redáctelas de modo afirmativo, para evitar las trampas que usualmente nos pone nuestra mente. Por ejemplo, le pido que se detenga un momento y piense en los nombres de los miembros de su familia. ¿Ya? Bien. Ahora, *no piense* en su nombre, ¿en qué piensa usted? Pues bien, su cerebro acaba de tenderle una trampa y usted pensó en lo que no debía. Igual sucede en la formulación de metas: Si usted se dice "no deseo tener más deudas", su cerebro irá por el atajo y hará la formulación equivocada.

Las metas deben ser claras: Decir "me propongo ganar mucho dinero", no especifica nada. ¿Cuánto es mucho? El concepto de "mucho" cambia de una persona a otra, de una época a otra, de un lugar a otro. "Me propongo ganar U$ 100.000" Muy bien. ¿En cuánto tiempo? ¿Un mes, un año o una década?, ¿Para qué lo desea? ¿Cómo planea ganarlo? ¿Qué está dispuesto a hacer para lograrlo?

Cuando las metas son inalcanzables, son frustrantes. Si una persona gana U$ 200 mensuales va a ser muy complicado que pueda adquirir honestamente una vivienda de U$ 500.000 en el lapso de un año, salvo que se gane una lotería. Luego no tiene sentido una meta absurda que de antemano se sabe imposible. La meta no será alcanzada y su autoestima quedará ultrajada y tirada por el piso.

En resumen, este asunto es vital en el proceso de autogestión del crecimiento personal.

Voy a plantearlo de un modo radical: Si usted desea obtener algún provecho de este libro, deténgase aquí y trabaje en la definición de sus metas personales. Si no lo hace los beneficios se verán reducidos, pero si lo hace, créame, verá recompensado su interés en ocuparse de su vida.

4. Prepare un plan de acción

Cualquier programa de desarrollo inicia con la formulación de unos objetivos. Pero, ¿es eso suficiente? ¡Claro que no! Cuántas personas se fijan metas el 31 de diciembre a las doce de la noche, cuando están ebrios y no se vuelven a acordar de sus propósitos...hasta el siguiente 31 de diciembre, cuando están ebrios otra vez.

Fijar metas es señalar el norte pero se requiere además de un plan de acción.

El plan de acción comienza por establecer las "metas volantes", que nos ayudan a avanzar continuamente hacia la meta final y sirven de motivadores y de indicadores de los adelantos que efectuamos en aras de la meta final. Por ejemplo, si tenemos como meta estudiar en España un postgrado en Auditoría Ambiental el próximo año, conviene ir al consulado a obtener los prospectos de información de las universidades que ofrecen ese programa, consultar en Internet, solicitar información y formularios de inscripción, conversar con algunos egresados de universidades españolas, tramitar el pasaporte y la visa, prever fuentes de financiación, etc.

En segundo lugar, haga una relación de las metas volantes y estipule la fecha en la cual debe comenzar a actuar y la fecha en la cual debe estar cumplida cada una de ellas.

Como verá, el plan de acción marca el itinerario del camino de sus logros. Señala el camino de sus éxitos.

5.   ¡Actúe! Sin acción los planes son sólo sueños

Deseo transcribir para usted uno de los párrafos más importante que aparece en mi obra *Motivación para el éxito*:

> *Si alguien me preguntara por qué unas*
> *personas logran ser exitosas y felices*
> *mientras otras no logran ir a ninguna parte,*
> *le respondería sin vacilar: No se trata de*
> *ningún secreto: Primero, tienen metas*
> *personales y segundo, actúan consisten-*
> *temente para alcanzarlas.*

Todo lo demás, es decir, la claridad con que fijes tus metas, el entusiasmo que debes tener para lograrlas, la motivación que te debe mover, la forma como afrontes el fracaso cuando se presente y la necesidad de fortalecerse espiritualmente...todo esto es muy importante. Pero son sólo las muletas que sirven de apoyo al criterio fundamental: *Tener metas personales y actuar consistentemente para alcanzarlas"*.

> *Nada hay más trágico en todo este mundo*
> *que saber lo que es correcto y no hacerlo.*
>
> Martin Luther King

Pare. Tome la decisión de actuar ahora. ¡Ya!

Busque en este momento una libreta de apuntes o una hoja apropiada y redacte cuales son sus metas personales (crecimiento personal, familiares, profesionales, laborales, de salud, espirituales, educación, descanso, estado de ánimo), económicas (ingresos, negocios, ahorros e inversiones), para solo enumerar algunas sugerencias.

6. Elabore una carpeta que sirva de herramienta física y control a la autogestión que comienza hoy. Márquela con su nombre y procure que sea de uso estrictamente personal, pero que no quede escondida donde corra el riesgo de olvidarla por completo

Archive en la carpeta las hojas de sus metas, el plan de acción y toda información valiosa que le pueda ser útil en el logro de sus objetivos.

Escoja o redacte un slogan, una frase que lo motive permanentemente y que lo impulse con entusiasmo. Puede tratarse de un pensamiento conocido que le guste, de su Salmo favorito o de una frase redactada por usted y que tenga referencia directa o indirecta con su meta.

Déle "forma" a su meta. Coloque las fotografías del catálogo de la universidad donde las pueda ver regularmente para reforzar la meta en su inconsciente. Si la meta es comprar un automóvil, consiga una foto y colóquela en el espejo, en la nevera o justo encima del televisor.

Diseñe pequeños incentivos que se dará a medida que cumpla las metas volantes más importantes. Prográmelos, deje por escrito cuál es el incentivo y en qué momento se lo dará. Por ejemplo: Me propongo enviar los formularios de inscripción a la Universidad antes de tal fecha; al hacerlo me regalaré una corbata.

7. Controle sus expresiones y sus pensamientos. Elimine de su vocabulario y de su pensamiento expresiones como "imposible", "no puede hacerse", "no dará resultado", "la situación está muy mal", "no hay presupuesto", etc.

En lugar de eso, reemplácelas por expresiones positivas como "esto puede hacerse. Debemos encontrar la manera de hacerlo". "He enfrentado otros retos con buenos resultados", "mi capacidad es inmensa", ...

Cuando Napoleón Hill era aún joven, deseoso de ampliar su vocabulario y mejorar el dominio del idioma con tal de abordar la tarea de escribir sus libros compró el mejor diccionario que pudo encontrar y, ya en su casa, buscó la palabra *imposible*, la recortó y la quemó. Posteriormente basó toda su obra sobre la afirmación de que nada es imposible para quien tiene la decisión de elevarse.

Napoleón Hill es autor de *Piense y hágase rico*, libro del que se han vendido más de veinte millones de copias en todo el mundo.

8. Haga bien su trabajo

No para satisfacer las exigencias de su jefe o las condiciones de la empresa para la que trabaja, pues eso finalmente es secundario. Hágalo por su satisfacción personal. Es grato reconocer la calidad de la gente en la calidad de su trabajo. Recuerde: *La calidad de la gente se refleja en la calidad de sus resultados.*

9. ¡Promuévase! Si su trabajo es resultado de un esfuerzo concienzudo, desarrollado con criterios

de excelencia, usted tiene todo el derecho a divulgarlo y promoverlo como se merece

Hace un tiempo comenté con un colega: En el sector residencial donde vivo decidieron programar un ciclo de conferencias para promover los principios de la convivencia ciudadana a partir del crecimiento personal. En una reunión del comité organizador, uno de los integrantes propuso: "En el edificio vecino hay un conferencista experto en *Reingeniería Humana*. Lo podemos contratar". ¡Yo no lo podía creer! ¡Fui uno de los pioneros del tema en Colombia! ¡Nuestra firma de consultores fue la primera en acuñar ese concepto en el país! ¡Y aún así estaban a punto de contratar a otro conferencista! Era evidente que no me había promovido suficientemente entre mis vecinos.

Mi colega escuchó pacientemente mi historia y cuando terminé me dijo: Leonel, ¿usted sabe por qué en el mundo se consumen más huevos de gallina que huevos de pato? En seguida respondió: Los huevos de pato son más grandes que los de gallina y según dicen son más nutritivos y equilibrados. Sin embargo, el pato pone un huevo y no pasa nada. En cambio, la gallina pone un huevo y arma un escándalo. Cacarea y cacarea hasta que todo el mundo se entera. En resumen, promueve muy bien sus huevos. ¡Tienes que promover mejor tus huevos!

10. Invierta en sí mismo. Invierta en educación y en libros de autoayuda que le generen una conciencia dinámica. Asista a seminarios y talleres que contribuyan a la cualificación en su ámbito profesional como también en el campo de su crecimiento personal

No tema a los costos: ¡La ignorancia y la mediocridad siempre serán mucho más costosas!

11. Conviértase en una persona que toma iniciativas. Demuestre que tiene capacidad y ambición para obtener logros. ¡Actúe! El éxito no llega por accidente, es resultado de la actividad persistente orientada hacia un propósito claro. Las cosas son difíciles cuando no nos atrevemos a hacerlas

Atrévase a hacer y el poder le será dado.

Goethe

12. Acepte las diferencias de criterio

Recuerde que las demás personas tienen derecho a ser, pensar y actuar diferente... y a usted le conviene enriquecerse con el punto de vista de los demás.

Cuando una persona es insegura, no acepta la diferencia de criterios. Para ella es preferible imponer su criterio o doblegarse al punto de vista ajeno, evitando siempre la confrontación.

Aceptar las diferencias de criterios es la base de la diversidad y la tolerancia.

13. Busque amigos que tengan puntos de vista diferentes a los suyos, pero con verdadero potencial constructivo. Le ayudarán a obtener una dimensión más amplia de sus propios criterios

La diferencia es sana, útil y productiva. Lamentablemente, diferencia, conflicto y violencia son términos que se vienen asociando erróneamente, creando como resultado la idea absurda de que lo correcto es que todos pensemos de la misma manera.

14. No permita que la gente de pensamiento pequeño le retenga. Cultive la amistad de pensadores positivos y contágiese de ellos. No puede tener una perspectiva de águila quien convive con codornices

15. Identifique la importancia de su trabajo

Entienda su trabajo como una misión valiosa, no como una actividad accidental y forzosa.

Seguramente usted ha escuchado o habrá leído la parábola de los albañiles que trabajaban en la construcción de una catedral. Al interrogarles que hacían, uno de ellos respondió que estaba pegando ladrillos. El segundo, dijo que estaban construyendo una iglesia. El tercero aseguró estar construyendo la catedral más hermosa del mundo, una iglesia que trascendería las generaciones y engrandecería el espíritu del hombre por los siglos. Sin lugar a dudas, este último había entendido la grandeza de su trabajo.

Le sugiero que se detenga aquí y evalúe la importancia y la grandeza de su trabajo. Si no la encuentra por ningún lado, considere la posibilidad de cambiarlo.

16. Evite a toda costa hablar mal de otras personas. Si no tiene nada bueno que decir de alguien, mejor no diga nada. Al hablar mal de alguien es usted quien pierde calidad y categoría. Aprenda a descubrir, a comentar y a disfrutar las cosas buenas de la gente, de las cosas y de las situaciones

En cierta ocasión, dos equipos colombianos de fútbol profesional compitieron el mismo día por sendos títulos internacionales. Uno de ellos competía en Europa y obtuvo el título de campeón. El otro equipo obtuvo el segundo lugar tras perder la definición desde el punto pena máxima. Sin embargo, del equipo que más comentó el común de la gente y los medios de comunicación no fue del ganador sino de aquel que perdió: Se ensañaron en comentar los errores de los jugadores, del director técnico, del preparador físico, del masajista...

Vale la pena cuestionarse, ¿Por qué sucede este fenómeno?

17. Nunca consienta que alguien menoscabe la calidad de su día. Que nadie eclipse su día con la mancha del fracaso o del desánimo. Nada externo tiene poder sobre usted, a menos que usted mismo se lo permita

18. Dése a sí mismo un "champú vigorizante" varias veces al día. Haga una ficha con la radiografía positiva de su personalidad y lo que debe hacer para lograr su crecimiento. Lea la ficha con frecuencia hasta incorporarla a su esquema mental inconsciente

19. Practique la valoración positiva

Pare un momento. Escuche o reproduzca alguna conversación reciente y verá que muchas personas concentran su plática en el anodino "placer" de resaltar los defectos de una situación o de una persona... o lo que ellas creen que son sus defectos.

Aprenda a descubrir y comentar lo bueno de las situaciones y de las personas.

¿Ha escuchado los comentarios de algunas personas cuando ven un reinado de belleza? Pareciera que estuvieran transmitiendo un concurso de defectos: "Esa tiene el estómago como buche de paloma", "las piernas son muy gruesas, parecen las patas de una mesa de billar", "tiene el busto..."

¿Acaso están observando un concurso de belleza?

Entusiásmese con lo positivo que puede descubrir en cada cosa. Seguramente en este libro usted habrá encontrado conceptos que no comparte (honestamente, espero que sea así) pero, ¿se va a limitar por ello? ¿O puede aprovechar las ideas útiles que ha ido encontrando?

20. Obtenga consejo de gente exitosa y progresista, no de gente negativa que siempre está compartiendo sentimientos de fracaso y amargura. Si usted tiene un proyecto nuevo no se moleste en presentárselo a personas negativas, pues le desanimará con argumentos como "este no es el mejor momento", "ya otros lo intentaron y no funcionó", "tu idea tiene muchos riesgos"...

21. Conviértase en una persona experimental

Experimente nuevas lecturas, nuevos teatros, nuevos restaurantes, nuevos amigos. Tome diversas rutas para ir a su oficina o para regresar a casa. Programe vacaciones a un sitio diferente. Rompa la rutina del fin de semana.

Esto le permitirá familiarizarse con pequeños cambios y riesgos y le ayudará a tomar decisiones más fácilmente cuando se vea abocado a hacerlo.

22. Todos los recursos que se necesitan para ser feliz y exitoso se encuentran en cada uno de nosotros. Haga el inventario hasta convencerse que es así. No tiene que esperar a tener un capital o un título, la edad o un aspecto equis para avanzar en la búsqueda de su felicidad

> *Esperar, ¿qué?*
>
> *Todo está en tí.*
>
> E. Agilda

23. Disfrute los ratos de felicidad y alegría sin sentirse culpable por ello. Hace unas décadas, algunos movimientos tremendistas afirmaban que uno no podía ser feliz mientras había niños en el mundo que morían de hambre y campeaba la injusticia por doquier

Si usted cree que es necesario hacer algo por ellos, ¡muy bien! ¡hágalo! Participe activamente en organizaciones de ayuda, comprométase en los asuntos de la comunidad, haga donaciones, o cualquier otra acción altruista; pero no sacrifique su derecho a ser feliz y gozarse la vida.

24. Cuando afronte un problema, dígase a sí mismo "hay un medio para resolverlo", "yo sé que esto tiene solución". Genere en su mente el hábito de esforzarse hasta encontrar soluciones; no el hábito de bloquearse. Tal como dijo Henry Ford: "Usted tiene razón tanto si dice que puede, como si dice que no puede"

25. Sorpréndase a sí mismo conjugando pensamientos negativos.

Si usted dice, por ejemplo, "no conseguiré saldar todas mis deudas", "con seguridad no conseguiré ese empleo"... ¡Deténgase! Ordene sus pensamientos y apunte en el sentido correcto.

26. **Entienda que las ideas por sí solas no conducen al éxito. Las ideas sólo tienen valor cuando usted actúa sobre ellas. Las ideas son un magnífico comienzo, puesto que TODO lo que el hombre ha creado comenzó en forma de idea: Un vehículo, un edificio, el computador, la bombilla, un lápiz, ¡todo! Pero es necesario pasar a la acción. Así que ¡HAGA!**

    ¡ACTÚE!

28. **Cada día pregúntese: ¿Cómo puedo mejorar mi desempeño laboral y personal? Dedique diez minutos de su día a analizar opciones y encontrar respuestas para aplicar y crecer. No se limite pensando que las cosas siempre se han hecho así y así funcionan mas o menos bien. Todo lo que el hombre supone que está bien hecho es susceptible de mejorarse. Este principio le permitirá hacer mejoras continuas en las actividades que desarrolle.**

29. **Haga regularmente una revisión personal de su misión en la vida, de sus logros y sus propósitos futuros.**

Detenga su lectura un momento y responda el ejercicio denominado el *Obituario*.

Obituario

Escriba su nombre:

____

Falleció ayer repentinamente. Sus grandes logros fueron:

____

____

Lo más importante que hizo para ser feliz, fue:

____

____

Lo más importante que hizo por los suyos fue:

____

____

Sus principales metas en la vida fueron:

____

____

El último día de su vida comentó que le gustaría disfrutar:

____

____

____

y lamentó no haber terminado lo siguiente:

____

____

____

Suspenda su lectura aquí.

Reflexione unos minutos antes de continuar.

Medite las respuestas que ha escrito. Si desarrolla esta prueba concienzudamente, usted descubrirá que está recibiendo una nueva oportunidad para vivir su vida.

El estado en que se encuentra hoy es resultado de lo que hizo o dejó de hacer en el pasado y eso ya no es posible cambiarlo.

El estado en que estará mañana depende de las decisiones y acciones que emprenda hoy, y eso está en sus manos.

29. Su estado de salud es muy importante. Nuestro cuerpo debe recibir el cuidado médico necesario, ya que es allí donde habitaremos el resto de nuestras vidas. Vaya con regularidad al médico aunque aparentemente tenga una extraordinaria salud. El hecho de sentirse enfermo (a) permanentemente menoscaba la autoestima de cualquier persona

30. Una rutina de ejercicios ayuda a crear la energía, salud y dinamismo que le harán sentir vivo y animoso. Comience una rutina que también incluya ejercicios de respiración. Busque siempre la asesoría de su médico

31. Cuide su posición corporal. La postura del cuerpo es coherente con su estado de ánimo. Si usted está encorvado, con los hombros caídos y cabizbajo, seguramente no podrá estar entusiasta y alegre

Haga la prueba: Levante su cara, enderece su cuerpo, suba los hombros y sonría. Ahora diga con voz animosa "estoy muy triste". No funciona, ¿cierto?

Mantener su cuerpo erguido y un buen tono de voz le ayudará a tener un estado de ánimo dinámico.

32. Cuide su apariencia personal. De hecho, la forma como usted luce es importante por la aceptación que recibe de los demás; pero aún más importante, una buena apariencia personal le debe hacer sentir bien con usted mismo

33. Regálese un espacio de tiempo para usted. Suspenda el televisor durante una época y dedique ese tiempo a leer, a escuchar su música preferida o a meditar

34. Recupere el sentido de la admiración. La fascinación propia del turista, por ejemplo, es probable despertarla en su propia ciudad: Museos nunca visitados, avenidas recorridas una y otra vez pero jamás observadas, parques muchas veces transitados mas nunca contemplados, centros comerciales donde podemos comer un helado, abrir nuestras mentes y, sencillamente, mirar con la curiosidad propia de un niño

35. Pequeñas cosas pueden lograr resultados importantes. otorgue importancia a las actividades personales que tienen que ver con su bienestar. Saque tiempo para almorzar todos los días. No interrumpa su almuerzo para atender el teléfono. El tiempo del almuerzo debe ser tiempo que usted dedica a sí mismo, y es importante que lo asuma como tal. Camine un poco o converse con sus colegas después del almuerzo

Las pequeñas cosas pueden obrar grandes cambios en la vida de una persona.

36. Muchas de las ideas y "ocurrencias" que usted tiene pueden conducir a grandes proyectos. Sin embargo, generalmente se pierden porque no se conservan para madurarlas o evaluarlas con cabeza fría en el momento adecuado. Consiga una libreta para anotar las ideas o una grabadora de bolsillo, que es más funcional si usted suele conducir

Algunas personas se "programan" para encontrar la solución a algún problema y con frecuencia la respuesta "llega" a mitad de la noche, pero se pierde porque no toman nota o graban la respuesta en el mismo momento en que surge.

Valore sus ideas: escríbalas o grábelas tan pronto como se presenten.

37. Destine tiempo para "permitir" que le consientan: Vaya a la sala de belleza, al baño sauna o al jacuzzy, pase un rato en la tina de agua caliente y reciba un masaje

38. Haga de su cumpleaños un gran suceso. No es necesario que invierta grandes sumas de dinero, pero es muy importante que lo celebre. Comparta un bizcocho y hágase un regalo usted mismo, independientemente de los que pueda recibir. De igual manera celebre el cumpleaños de sus hijos. Piense en un regalo que sea muy especial, aunque no sea necesariamente costoso. Invite a sus amiguitos, cante el feliz cumpleaños y comparta un rato de alegría

39. Anime a los demás para que expresen su opinión. "¿Qué opina sobre...?" Cuando convoca la opinión ajena, usted gana información, gana tolerancia y gana en seguridad y admiración

Este recurso le ayudará a perder el temor de encontrar opiniones diferentes a las suyas y la seguridad que esto genera influye directamente sobre su autoestima.

40. ¡SONRÍA! Cuando sonreímos, nuestro cuerpo recibe descargas de betaendorfina que le comunican bienestar y alegría a nuestro cerebro y a todo nuestro organismo

El hecho de sentirnos bien anímica y espiritualmente tiene una relación directa con la calidad de nuestra autoestima. Vale la pena: *¡SONRÍA!* Además, ¡es gratis!

41. Haga una ficha de cartulina con los "derechos que generen asertividad". Redáctela con su estilo personal y colóquela en su agenda o en una cartelera donde pueda leerla regularmente. Memorícelos y concédales la importancia necesaria hasta incorporarlos a su esquema mental. Actúe como corresponde según esos derechos, con la certeza de que en un futuro usted no necesitará esforzarse para hacerlo porque harán parte de su comportamiento inconsciente

42. Si usted teme hablar en público, *comience a tomar medidas*

La próxima vez que tenga oportunidad, dé el discurso de agradecimiento, ofrezca las palabras del brindis o diga la oración de antes de una cena. Es una excelente oportunidad para ganar autoconfianza, seguridad e inspiración.

43. Vaya a reuniones donde de antemano sepa que asistirán personas a quienes no conoce o personas que tienen intereses muy diferentes a los suyos. Es una manera de conocer a otros individuos, cultivar su mente con el aporte de perspectivas diferentes a la suya y un entrenamiento del espíritu de tolerancia que fortalece su autoestima

44. No se autocalifique con términos peyorativos ("yo como soy de bobo", "¡como soy de bruto!", etc.) ni permita que otros lo hagan. El solo hecho de hacerlo en broma afectará su autoimagen. Por el contrario utilice adjetivos positivos para referirse a usted y, si le preocupa que lo consideren narcisista, entonces acuda a su comunicación interior "definitivamente soy muy capaz!", "¡qué bien me siento!"...

45. Seleccione muy bien la música que escucha con frecuencia. Abunda la música inútil y, peor aún, la música que deprime y lleva a la inactividad. Música que llama a la "resignación". Música que convoca al suicidio físico o intelectual. Pero usted puede escoger música proactiva, que le sintonice con su propósito de hacer, de vivir, de crecer

Por ejemplo:

¡Arriba la vida!
que no muera la esperanza
si pretendemos algún día conseguir
el equilibrio natural de la balanza
¡Para vivir, para vivir, para vivir!
¡Arriba la vida!
No hay fracasos ni derrotas
que no se pueda, si se quieren, asumir
aunque de pronto nos quedemos en pelotas
¡Hay que seguir, hay que seguir,
hay que seguir!
¡Arriba la vida!
que no cunda el desaliento
hay muchas cosas que nos quedan por lograr
cada momento puede ser un buen momento
¡Para empezar, para empezar, para empezar"
¡Arriba la vida!
rescatemos la alegría
¡Que la amargura no aparezca por aquí!
Una sonrisa es la mejor artillería
¡Para vivir, para vivir, para vivir!

Alberto Cortés

Todo aquel que piense
que la vida es siempre cruel
tiene que saber que no es así
Que tan solo hay momentos malos.
Todo aquel que piense
que la vida es siempre cruel
tiene que saber que no es así
Que la vida es una hermosura.
¡Hay que vivirla!

Celia Cruz

*Para que nunca comiences
un día inútil, un día más,
para quien no esté conforme
con que la vida es sólo pasar...
Para aquellos que sentados
están buscando su libertad,
para ti que has descubierto
que este es el tiempo deocupase comenzar.
Mirar la vida con los ojos nuevos
romper barreras sin mirar atrás,
borrar palabras hacer versos nuevos
decir te quiero empezar a amar,
sencillamente ponerse a andar.*

José Luis Perales

*Este es un nuevo día
para empezar de nuevo
para buscar el ángel
que nos crece los sueños.
Para cantar, para reír
para volver a ser feliz.*

Facundo Cabral

*¡Penas, p enas
salgan de mi pecho
de alegría me quiero vestir.
Penas, penas
a volar al viento
quiero ser libre, alegre y feliz!*

Sergio Vargas

46. ¿Cómo es su saludo? Escuche como saluda usted y como responde al saludo de otras personas

Hay personas que cuando se les pregunta ¿Cómo está?, responden "ahí...", "mas o menos", "regularcito, no mas", o "mal, pero usted no tiene la culpa"... La *repetición* y la *importancia* se unen para formar el esquema mental de su estado de ánimo, formando un círculo vicioso: Un estado de ánimo deplorable que se refleja en su saludo y un saludo que le refuerza un estado de ánimo deplorable.

Rompa el círculo, con el uso de afirmaciones positivas. El saludo es un tipo de afirmación y, como ya lo comentamos las afirmaciones generan cambios, crean una realidad. Usted habrá escuchado saludos seguros y motivadores: "¡Extraordinariamente bien!", "estoy muy bien", "bien...y mejorando", "¡excelente!" Estos saludos generan un estado de ánimo de entusiasmo y alegría.

47. ¡Mantenga su entusiasmo! Entusiasmo significa, en su acepción moderna, la fuerza de Dios en mí. ¡Con razón nos va muy bien cuando somos entusiastas! Reúnase con otras personas entusiastas. Si usted es quejoso y comparte y convive con otros quejosos, tiene los mejores socios para montar una fábrica de amargura. Si usted sonríe y canta probablemente otros harán lo mismo. Busque la compañía de personas con quienes se pueda contagiar mutuamente de alegría y optimismo

48. Aprenda a aceptar y a apreciar el valor de los errores. Los errores son la forma en que la vida nos enseña a mejorar. Entender el valor de los errores le permitirá intentar, fracasar y volver a

intentar hasta lograr su cometido. No entender el valor del error es estar condenado al fracaso. Recuerde: ningún niño aprendió a caminar sin tambalear y caer varias veces

*Si usted nunca fracasó
es porque jamás ha intentado algo.*

A. Einstein

49. Aprenda a dirigir su pensamiento

Cuando se ha tenido un fracaso, la primera reacción es desistir del intento. Esta reacción es "normal" porque al recordar la experiencia el pensamiento se orienta hacia el dolor emocional y el costo económico que generó la actividad fallida. Sin embargo, si usted saca conclusiones, podrá dirigir voluntariamente su pensamiento no hacia la desazón que produce el dolor sino hacia las satisfacciones propias de las lecciones obtenidas. Usted puede dirigir su pensamiento hacia la rosa o hacia las espinas.

Ante un revés, podemos cuestionar: ¿Qué puedo aprender de todo esto?, ¿Cómo puedo aplicar esta enseñanza a mis planes futuros? ¿En qué fortaleza personal me puedo apoyar para avanzar a pesar de este hecho?

De esta manera usted habrá acumulado el valor de la experiencia y saldrá fortalecido por el aprendizaje obtenido.

*El hombre inteligente
aprende más de los fracasos
que de los éxitos.*

A. Nobel

50. Provoque conversaciones positivas con su familia y con sus amigos. No limite su conversación a la tragedia del día. Pregunte específicamente "¿qué

cuenta de bueno?" o al final del día, indague "¿qué cosas buenas te sucedieron hoy?" Al hacer esto con frecuencia y tomarlo como hábito, estará generando el hábito de la comunicación positiva en familia

51. "Prográmese" para el éxito del día de hoy

Al despertar mañana, esté consciente que es el momento de programar la calidad de su día. Aunque haga un día soleado y los pájaros canten su mejor tonada, usted podrá decir "que día tan horroroso" y habrá hecho su elección. En un día frío y lluvioso, usted podrá decir "a pesar de todo, hoy será un día maravilloso", "este frío me hace sentir que estoy vivo". Recuerde: nuestras afirmaciones son la base sobre las que se realizan nuestras vivencias.

Hace unos años recibí una extraordinaria y deliciosa lección que quiero compartir con usted. Nos encontrábamos en el piso 36 del edificio más alto de Bogotá y un grupo de personas comentaba sobre el penetrante frío que hacía por aquellos días. De repente, una dama vestida de overol ingresó por la ventana, dejándonos boquiabiertos. Era del equipo de personas que limpiaba la parte exterior de los vidrios de los grandes ventanales. Tan pronto entendió el significado de nuestro asombro, sonrió y dijo tranquilamente: "¡Afuera hace mucho frío, pero ese frío me hace sentir que estoy viva!"

52. Acéptate como eres. Si la imagen que ves cuando miras el espejo no se ajusta al concepto de belleza que difunden los medios de comunicación, no es motivo de mortificación. Es preciso hacer consciencia que la belleza interior tiene tal fuerza que es posible proyectarla. Es por ello que algunas

personas entran a un lugar o llegan a una reunión y llaman la atención aun cuando su aspecto físico no se ajusta a los cánones de la belleza comercial. Contrario sucede con personas que aunque se ajustan a esos cánones pasan desapercibidas porque en su fuero interno se sienten "feas". De otra parte, la belleza es un concepto subjetivo. Difiere de un lugar a otro como también de una persona a otra.

Lo importante, lo realmente importante es que aprendas a sentir gusto por sí mismo.

Sugiero que busques un espejo de cuerpo entero, te desnudes ante él y te admires mientras te dices "me gusta como soy". Es muy importante aclarar que no significa que renuncies a mejorar tu figura o tu estado físico. Significa que no renunciamos a amar lo que somos ni como somos.

53. Haga un inventario de sus cualidades actuales. Elabore una lista de las cosas que le gusta de usted mismo, de todos los aspectos positivos de su personalidad. Dése tiempo para pensar en sus cualidades y virtudes. Este ejercicio le ayudará a tener conciencia de sus atributos para darles el uso necesario y para sentirnos mejor con nosotros mismos

A continuación presentamos una breve lista para que señale o complemente, según su sano criterio.

Nombre

Mis principales virtudes y cualidades personales son:

- ☐ Creativo(a)
- ☐ Amistoso
- ☐ Solidario
- ☐ Alegre
- ☐ Dedicado
- ☐ Tolerante
- ☐ Optimista
- ☐ Tierno
- ☐ Persuasivo
- ☐ Honesto
- ☐ Emprendedor
- ☐ Inteligente
- ☐ Altruista
- ☐ Persistente
- ☐ Agradable
- ☐ Carismático
- ☐ Confiable
- ☐ Buen amigo
- ☐ De buen humor
- ☐ Buen escucha
- ☐ Asertivo
- ☐ Afectuoso
- ☐ Dinámico
- ☐ Líder
- ☐ Trabajador
- ☐ Comprensivo

Ahora escriba las que se omitieron y son importantes para usted:

☐ _______________   ☐ _______________

☐ _______________   ☐ _______________

☐ _______________   ☐ _______________

☐ _______________   ☐ _______________

¿Qué importancia tiene hacer esta relación?

Esta es, sencillamente, una forma de "focalizar". Cuando un individuo se concentra en un defecto o en una cualidad personal, esa característica se expande.

Usted lo habrá notado en las personas que dicen tener muy mala memoria y, en efecto, esa capacidad les disminuye. Como también las personas que dicen ser alegres, expanden esa cualidad muy fácilmente.

El hecho de "focalizar" permite al individuo aumentar sus defectos o sus cualidades, según sea su elección.

54. Esté consciente que usted es un ganador. Aunque haya hecho juiciosamente el ejercicio anterior, aunque esté seguro de su calidad en las actividades que desarrolla, aunque usted haya descollado como estudiante, como profesional o como empresario, con toda seguridad no es consciente de todo lo que es capaz... De hecho, ningún hombre lo sabe a ciencia cierta

Se dice que aproximadamente cien millones de espermatozoides salen a la caza de un óvulo. Comparado con esto la Maratón de Nueva York es un juego de niños. Pues bien, cada uno de nosotros es un ganador de esa reñida competencia. Dicho de otra manera, somos unos triunfadores desde el preludio de nuestras vidas y esa condición debe preservarse.

55. Las afirmaciones son un recurso muy valioso en el asentamiento de la autoestima. Copie frases motivadoras que le agraden o frases animosas de su propia cosecha y colóquelas en el espejo donde pueda leerlas al día siguiente a primera hora. Haga

una carta motivadora dirigida a usted mismo y léala dos semanas más tarde. Haga algunas notas e introdúzcalas en libros y agendas que consulte periódicamente y léalas a medida que las vaya encontrando

56. Las afirmaciones son un instrumento de la visualización. Son manifestaciones positivas que realizamos de manera consciente con nosotros mismos y son fundamentales en el momento de transformar un esquema mental negativo o en el proceso de la creación de uno positivo

Explote los beneficios de las afirmaciones cuando se encuentre en circunstancias difíciles o cuando afronte una entrevista importante, ("yo sé que puedo lograrlo") y exprese las conductas indeseadas como si ya hicieran parte de su pasado ("antes yo era muy malgeniado. Es algo que he cambiado.").

Las afirmaciones también se pueden hacer a través de escritos, fotografías, grabaciones en cassettes, dibujos, etc. Recursos válidos e importantes son los escudos de solapa que se asocian con un propósito en particular *cuyo compromiso se refuerza cada día* al colocar el escudo en el vestido. Por ejemplo, un águila se asocia con la capacidad de visión, velocidad, tenacidad y sagacidad. Los integrantes de una fundación que promueve la tolerancia y la convivencia ciudadanas usan un escudo con la imagen de un papagayo, cuyo variado colorido simboliza la diversidad que se encuentra en la unidad del animal. El colibrí se asocia con la libertad, dado que esta pequeña ave tiene la capacidad de volar en todos los sentidos y no puede vivir en cautiverio.

Joe Girard, quien fuera reseñado por el Libro Guinness de las Marcas Mundiales como el vendedor más grande del mundo, usaba un pequeño botón de oro con el número uno. No para recordar que era el vendedor número uno, ¡sino que él mismo era la persona más importante de su vida!

57. Autoelogiarse es positivo

El autoelogio es una manifestación sana de autoaceptación. Sin embargo, cuando alguien se elogia a sí mismo es visto como un narcisista. Cuando alguien nos hace un elogio sincero, nos sentimos muy bien. ¿Por qué no acudir entonces al auto elogio sincero? Si prefiere protegerse de los comentarios y observaciones incomprensivas, acuda a su comunicación interior y autoelógiese. Felicítese por sus resultados, dése un abrazo por alcanzar un logro, manifieste su admiración por un esfuerzo, por un logro, por su inteligencia o por su aspecto. ¡Hágalo! el autoelogio es una expresión positiva y sincera de sentimientos honestos que nos hacen sentir muy bien y nos ayudan a reforzar nuestra autoimagen.

58. Registre imborrablemente en su mente una imagen de usted mismo como triunfador

El ejercicio que presentamos a continuación combina técnicas de *programación neurolingüística y meditación* y es tan sencillo como efectivo. El objetivo de esta práctica es generar en usted mismo la imagen de ganador que le ayudará a actuar desde *ahora* como el hombre seguro y feliz que desea ser en el futuro.

Para comenzar, siéntese cómodamente. Respire despacio y profundo, concentrándose en el objetivo del ejercicio que va a desarrollar.

Elabore una imagen mental de usted mismo.

Observe cuidadosamente cómo se ve en esa imagen y también la calidad de la misma. ¿Cómo es la imagen? Es nítida o débil, con movimiento o inmóvil, grande o pequeña, brillante u oscura, con colores o sin ellos. A su juicio, ¿la imagen es positiva o negativa?

Ahora, concéntrese para eliminar lo que sea negativo en la imagen. Por ejemplo, si su aspecto físico no es el que a usted le gusta, modifíquelo. Si no tiene buena salud, cámbiela también.

Verifique que la imagen muestre sus cualidades y fortalezas hasta que se vea exuberante, como cuando se logra una meta muy importante.

Haga otros cambios que sean importantes y motivadores; por ejemplo, considere el color, el brillo y el contraste, el movimiento y el tamaño de las figuras, la orientación de la luz y las sombras, los sonidos, el volumen, el ritmo y el volumen; la sensación de frío o calor, etc.

Haga todos los ajustes que considere necesarios hasta quedar satisfecho.

¿Cómo se siente con la nueva imagen?

Concéntrese en ella y visualícese alcanzando metas, obteniendo logros, cerrando negocios, hablando ante un auditorio importante o en cualquier otra actividad que usted desee.

Esta es una forma sencilla para emplazar una autoimagen positiva en su subconsciente.

De la continuidad y concentración que dedique a este ejercicio dependen los resultados. Le sugiero que no dude de su efectividad sin antes ponerlo en práctica juiciosamente.

59. La meditación es el ejercicio de concentrar todo nuestro interés en algo particular para reflexionar sobre ello. Con la meditación se puede obtener paz interior, relajamiento, dominio de la mente

y transitar en un proceso de visualización, entre otros objetivos posibles

La meditación no es una práctica esotérica o una rutina de los ermitaños orientales o hindúes. Es, en cambio, un excelente recurso para convocar nuestra energía interior.

Conviene que conozca varias técnicas para que escoja la que más se ajusta a su gusto.

Es importante saber que inclusive algunas técnicas de artes marciales son formas de meditación.

Recuerde: Toda actividad que desarrolle de manera consciente y esté encaminada a mejorarle física o espiritualmente influye positivamente sobre su autoestima.

60. Ejercicio de meditación *LA AFIRMACIÓN DEL YO*

Póngase cómodo en una silla, preferiblemente en posición recta y relajada. Vigile que no tenga prendas (zapatos, interior, cinturón, etc.) presionando sobre su cuerpo.

Practicando la respiración abdominal, concéntrese en el propósito del ejercicio que va a desarrollar.

Coloque música suave con volumen moderado y baje la intensidad de la luz. Concéntrese en las partes del cuerpo donde se acumulan sus tensiones. Empiece a leer en voz alta la meditación, dejando aproximadamente 20 segundos entre cada renglón, para dar tiempo a la reflexión.

Es preferible que haga una grabación para utilizarla en lugar de la lectura.

✔ Mi vida es única e irrepetible

✔ No hay otra persona como yo

✔ En todo el mundo no hay nadie como yo

✔ Yo puedo ayudar a otras personas

✔ Yo quiero ayudar a otras personas

✔ El Señor es mi amigo

✔ Yo merezco ser feliz

✔ Yo elijo ser tolerante

✔ Yo soy un hombre de paz y me comporto como tal

✔ El amor construye

✔ Soy asertivo y seguro

✔ Me gustan los retos

✔ Soy una persona muy especial

✔ Busco que mi vida sea construida con amor

✔ Busco lo bueno en los demás

✔ Quiero ser yo mismo

✔ No deseo ser otra persona

✔ Yo decido ser una persona optimista

✔ Soy una persona valiosa

✔ Tengo todo para ser feliz

✔ *Ahora* soy una persona de Éxito.

✔ Sé que puedo y debo mejorar, pero aún así me gusta como soy.

61. Haga un listado de diversiones y actividades que le gusta practicar: Ir al cine, bailar, reunirse con sus amigos a conversar alrededor de una fogata, comer comida árabe, hacer un día de campo... Escriba al frente cuándo fue la última vez que hizo cada una de esas actividades

Descubra cuantas cosas gratas está dejando de hacer y elabore un cronograma para cultivarlas con la frecuencia que desea hacerlo.

62. Brinde ayuda sin esperar nada a cambio. No con el propósito de ufanarse posteriormente, sino por el sublime placer de servir. Ser útil a la humanidad da cuenta de nuestra capacidad de entrega y de nuestro verdadero valor humano

63. Finalmente, lo más importante: Reencuéntrese con el Ser Supremo. Es fuente infinita de fe, de alegría, de esperanza, de entusiasmo, de confianza en sí mismo y de confianza en la humanidad, fuente de ilusión por la juventud, de emoción por nuestro futuro que es el futuro del mundo. Es sin lugar a dudas, el mejor Socio que usted pueda conseguir; luego conviene contar con Él para todos los planes futuros

Plan de crecimiento personal

1. No caiga en la tentación de extraer una gran cantidad de sugerencias que no podrá usar al tiempo. Escriba las ideas de mayor importancia que usted encontró en la lectura de este capítulo. Vigile periódicamente el cumplimiento de su aplicación y comience a usar nuevas sugerencias. Si desea hacerlo confidencialmente, hágalo en una hoja aparte, pero por ningún motivo deje de hacerlo.

2. Escriba qué beneficios espera obtener al aplicar las ideas que ha descrito anteriormente.

Cómo generar autoestima en los niños

La primera responsabilidad de todo padre de familia y de todo educador es formar en los niños el valor de la autoestima, la confianza que debe tener cada ser humano en sí mismo.

Presentamos algunas sugerencias útiles para formar una autoestima sana en los niños. Por sencillas y obvias que le parezcan no deje de ponerlas en práctica.

1. **Destaque los buenos resultados de los niños, por muy pequeños que parezcan los logros. Cuando los niños se esfuerzan por hacer las cosas bien, merecen reconocimiento. Destaque también los procesos aunque los resultados no sean los esperados. Si han jugado un partido de baloncesto es importante resaltar el esfuerzo, los progresos y las buenas jugadas, aunque el resultado les haya sido adverso.**

2. **Manifieste a los niños el amor que siente por ellos. No se limite a "demostrarlo". Dígalo de manera expresa**

Algunas personas no están familiarizadas con el uso de expresiones de amor, pero es un ejercicio que vale la pena poner en práctica. Despierta reciprocidad, fomenta autoconfianza en usted y confianza en quien recibe sus manifestaciones. Saber que es amado es un bastión que funciona toda la vida.

Demuestre su cariño de manera diferente a los obsequios. La conversación, la amistad, los besos y abrazos son excelentes recursos.

3. **Enseñe a los niños que todos cometemos errores. Así les será más fácil entender que los errores son una parte natural del aprendizaje y el crecimiento; y se genera una capacidad de afrontar los errores**

No intente demostrar que "se las sabe todas". Los niños tienen una gran capacidad para pensar, hacer asociaciones y sacar conclusiones. A la larga terminarán descubriéndolo y provocará desconfianza en ellos.

4. **Enseñe a los niños a buscar enseñanzas a partir de sus errores y de sus aciertos. Cuando le presenten una calificación escolar pregunte "¿Cómo te sientes cuando sacas una buena calificación?", o "¿Qué deberías hacer para mejorar tus calificaciones?". Reflexionar sobre las satisfacciones y los disgustos es algo que le permitirá al pequeño aprender a analizar sus procesos y sus resultados.**

5. **Cuando los niños se porten bien, coménteles qué fue lo que le gustó de su comportamiento. Esto contribuye a generar una comunicación positiva y a desarrollar el hábito de resaltar lo "bueno"**

6. **No obligue a sus hijos a estar de acuerdo con sus opiniones. Con esto, su hijo desarrollará una personalidad asertiva, ganará en autoconfianza y comprenderá en la práctica el valor de la diferencia. Por su parte, usted**

ganará en tolerancia. Todos estas cualidades son características de una buena autoestima

7. Dé a sus hijos orientación constructiva

Es preferible decirle a los niños qué cosas deben hacer, en lugar de lo que no deben hacer. Esto los provee de una actitud y una mentalidad proactiva, con inclinación hacia la actividad.

Seguramente habrá leído que un niño entre la edad cero y la edad siete años ha recibido entre 100 y 150 mil órdenes negativas —"No hagas", "no cojas"— y sólo ocho o diez mil positivas. Pues bien, esas órdenes siembran en la mente del niño el paradigma de la inactividad ...¡y después queremos que sean emprendedores y dueños de una iniciativa dinámica!

A continuación encontrará un ejemplo para que comience a ejercitar un nuevo hábito:

Corrija esto...	**Diciendo...**
✗ ¡No corras como loco!	✓ ¡Ve más despacio!
✗ ¡No lastimes al perro!	✓ ¡Sémáscuidadosoconelperro!
✗ ¡No llores más!	✓ ¡Cálmate,paraquehablemos!
✗ ¡No creo que puedas hacerlo!	✓ _______________
✗ ¡No hables con la boca llena!	✓ _______________
✗ ¡No subas las escaleras!	✓ _______________
✗ ¡No juegues con la comida!	✓ _______________
✗ ¡No botes la basura al piso!	✓ _______________
✗ ¡No me estás atendiendo!	✓ _______________
✗ ¡No prendas el televisor!	✓ _______________
✗ ¡No me interrumpas!	✓ _______________
✗ ¡No te portes mal en el colegio!	✓ _______________
✗ ¡No hiciste las tareas!	✓ _______________
✗ ¡No te dejes pegar de otros niños!	✓ _______________
✗ ¡No cojas eso!	✓ _______________
✗ ¡No grites!	✓ _______________
✗ ¡No te distraigas!	✓ _______________
✗ ¡No has hecho la tarea!	✓ _______________
✗ ¡No juegues con tierra!	✓ _______________

Siempre ínstelos a hacer algo, evite las formulaciones negativas.

8. La mejor forma de enseñar a los niños el mutuo respeto y los buenos modales es a través del ejemplo

Dígales "por favor", «gracias", "lo lamento", "con mucho gusto", etc.

Al aprender buenos modales, el niño sabrá como tratar a los miembros de la familia y a las demás personas, hará amigos fácilmente y al sentirse aceptado y querido su nivel de autoestima mejorará.

9. Reconozca y elogie el desempeño correcto de los niños, como también el desempeño aproximado

Un abrazo, una sonrisa, una frase de reconocimiento, son algunas formas de elogio. Usted puede obtener un mejor efecto a través del elogio oportuno que de la cantaleta permanente. Conviene elogiar *el comportamiento* y *el resultado*. Por ejemplo: "tu colaboración fue muy importante: tu habitación quedó muy bien organizada."; "eres muy amable, lavar una parte de la loza fue una ayuda muy importante", "tus calificaciones han mejorado."

10. Respete a su hijo. El uso de insultos menoscaba la autoestima de los niños. Cuando a los chicos se les dice frases como "no seas tonto", "no seas estúpido", "no seas bobo". Lo que realmente hacen es decirle que sí son tontos, estúpidos o bobos, ¡por eso es preciso indicarles que no lo sean! No insulte a su hijo. Y no insulte su inteligencia propia

11. **Interésese en lo que hace el niño. Asista al partido de fútbol, aunque usted deteste ver a "22 individuos corriendo detrás de una pelota". Aprenda a apreciar sus dibujos, sus manualidades y, en general, sus esfuerzos. Exhiba el dibujo de su hijo bajo el vidrio de su escritorio o en una cartelera de su casa. Logrará que el niño se sienta orgulloso de sus actividades**

12. **Los oídos no son suficientes para escuchar a sus hijos. Cuando su hijo le hable pare de leer el periódico y mírelo a los ojos. Atienda cuidadosamente y si es necesario, pregunte para obtener más información. Es una forma diferente de decir "tú eres importante", "lo que tú dices es importante"**

Si tiene esa actitud, el niño entenderá la situación cuando usted le diga que está ocupado y no puede atenderlo en ese momento.

13. **Enseñe a su hijo a realizar actividades completas. Que haga totalmente una labor antes de iniciar otra. No le solicite que cambie de actividad cuando está a la mitad de un trabajo. Por ejemplo si el niño está haciendo una tarea de inglés, conviene que no tenga otros cuadernos sobre su mesa de trabajo para evitar la "tentación" de interrumpir y ocuparse de otra tarea**

Si aprende a realizar actividades completas será más efectivo lo cual influye una mejor autoimagen.

14. Aprenda a aceptar e inclusive a incentivar cierto nivel de rebeldía en los niños. La ausencia de rebeldía hará que a la larga se convierta en un yesman, una persona incapaz de pensar por sí mismo y tomar iniciativas propias

Naturalmente, no se trata de formar rebeldes sin causa que no entienden razones o que se oponen a todo por el prurito de oponerse. Tan nociva es la ausencia de rebeldía como el exceso de ella.

15. No pretenda que su hijo se parezca a usted. Permítale ser él mismo y que desarrolle su propia personalidad, con sus propios defectos y virtudes. Este es otro signo de respeto por él

16. Fomente en sus hijos una salud fuerte. En primer lugar, si sus hijos ven que usted está enfermo todo el tiempo aprenderán de manera inconsciente que la enfermedad es un "estado natural" de las personas. Si usted es un individuo que siempre habla de sus achaques y se queja permanentemente de una dolencia real o ficticia, sin lugar a dudas estará ampliando las posibilidades de tener hijos enfermos

Es probable que un chico haya enfermado y no pueda ir al colegio. En tal caso, procure que lleve una vida lo más normal posible. Si usted se excede en mimos y consentimientos, le prepara los más deliciosos platos y postres y le consigue las últimas películas para que las vea metido en su camita, el chico estará comprando la idea que estar enfermo es provechoso.

17. Fomente en sus hijos la práctica de deportes especialmente si exigen constancia y representan un desafío. Si le es posible, practique con ellos. La práctica de los deportes suele fortalecer la salud corporal y espiritual de quien lo practica

18. Impulse la práctica de la imaginación y la investigación. Cuando el chico tenga una pregunta resista la tentación de responder inmediatamente. Incentive su capacidad de pensar y de investigar. Si le preguntan "¿Cómo funciona la televisión?", sencillamente contrapregunte "Tú cómo crees que funciona?" Con esto tienen oportunidad de permitir que vuele la imaginación del chico; luego ayúdele a consultar en la enciclopedia hasta que la duda quede resuelta

19. Permita que los niños sean útiles y solidarios. Tal vez sean demasiado pequeños para desarrollar algunas actividades, pero pueden encargarse de tareas menores como doblar su ropa, limpiar, sacar la ropa sucia de las habitaciones. Generalmente, hacen estas tareas gustosamente y este gesto es un acto importante de solidaridad con la familia. Agradezca y felicite a los niños cuando brinden su colaboración

20. Familiarice a sus hijos con el hecho de ser importantes. Solicite su opinión y escúchelos cuidadosamente. Arregle su vivienda de tal manera que no sólo tenga en cuenta a los adultos, sino también a los niños. Adopten el hábito de

cenar juntos (en lo posible) y de hacerlo siempre en el comedor. Cuando se utiliza el comedor, las personas que están allí se dan importancia a sí mismos; cuando se come frente al televisor, la persona sólo cumple una función fisiológica mientras ve un programa

Involucre a sus hijos en las actividades de los adultos en lugar de mantenerlos apartados. Por ejemplo, inclúyalos en una fiesta donde participen todos los miembros de la familia, en una conversación o en la organización de la casa.

Plan de crecimiento personal

1. Extracte de este capítulo las ideas que a su juicio debe comenzar a poner en práctica desde hoy mismo. Es preferible que sean pocas, pero que las aplique consistentemente. Si lo prefiere, hágalo en una hoja aparte, pero por ningún motivo deje de hacerlo ni lo aplace.

2. Fije fechas de control para evaluar si está cambiando comportamientos y actitudes. Escriba estas fechas de control en su agenda personal, para que no corra el riesgo de olvidarlo.

3. Escriba qué beneficios espera obtener al aplicar las ideas que ha descrito anteriormente.

Proyecto de vida

*Un hombre sin un sueño
y sin un plan es un hombre sin futuro.*

El hecho de que una persona defina el sentido de su vida y el plan de acción que se haya trazado para lograrlo, hablan del nivel de autoestima de ese individuo que no está dispuesto a dejar su existencia en manos del azar.

Muy posiblemente la lectura de los capítulos anteriores le han servido a usted para aclarar, elaborar, reiterar o redefinir su proyecto de vida.

Pues bien, establecer el *proyecto de vida* no es otra cosa que identificar los valores que dan sentido a nuestra existencia, que dan sentido a lo que somos y a lo que hacemos: ¿Qué sentido tiene mi vida? ¿Cuál es el sentido del universo y para qué estoy en él?

> *...y cuando el hombre no tiene objetivos,
> el mundo carece de sentido.*
>
> Jean Paul Sartre

La identificación de objetivos es un paso muy importante, ya que establece un sendero y un horizonte para actuar, aunque en un momento determinado, estos puedan cambiar, si se cambian los sueños o si tenemos nuevos intereses.

Suele tender un puente entre dos estados que pueden estar apartados entre sí: El estado de "lo que yo soy", entendido como la condición actual de la persona (virtudes, defectos, valores, conflictos, incertidumbres, logros, etc.) y el estado de "lo que yo quiero ser", entendido como las expectativas y los sueños que mueven nuestras vidas.

El *proyecto de vida* se consolida a través de objetivos claros en cinco áreas definidas:

- Objetivos de carácter afectivo

- Objetivos profesionales y/o laborales

- Objetivos sociales

- Objetivos espirituales e intelectuales

- Objetivos económicos

El plan de acción

• Determine los subobjetivos

Es importante que los objetivos que usted se trace a largo plazo, tengan subobjetivos a corto plazo. Es más: los subobjetivos a corto plazo pueden a su vez tener otros subobjetivos. Una persona, por ejemplo, puede desanimarse si le proponen escribir un libro de 500 páginas. Sin embargo, el objetivo es más viable si se propone como subobjetivo escribir 2 ó 3 páginas diarias.

El plan de acción para el logro de los objetivos inicia, pues, por establecer los subobjetivos.

- Identifique las acciones necesarias para alcanzar cada subobjetivo y elabore el cronograma correspondiente. Tener un mapa del proceso que ha de seguir y la decisión de hacerlo son condiciones necesarias para vencer la tendencia a aplazar las tareas. No olvide: "después" es sinónimo de "un día de estos"; y "un día de estos" es sinónimo de "nunca".

- Reseñe todos los recursos necesarios (capacitación, dinero, materiales, etc.) necesarios para lograr las diversas fases y alcanzar los objetivos propuestos.

- Organice un programa de trabajo diario y semanal de tal manera que pueda dedicarse a sus objetivos y a evaluar los niveles de cumplimiento y satisfacción personal.

En resumen, defina con precisión lo que quiere ser y hacer. Determine lo que está dispuesto a hacer para lograr su proyecto de vida, siempre dentro de los principios. Elabore juiciosamente un plan de acción y ponga manos a la obra con decisión y entusiasmo.

Recuerde que toda actividad sobre la que se ejerce un control pasa a ser una actividad consciente y, por lo tanto, se obtienen mejores resultados en un tiempo menor.

Para finalizar

Un sujeto asiste a una conferencia titulada "cómo dejar de fumar en tres horas". Al salir, saca un cigarrillo, lo enciende y dice a un compañero de plática:

— Esa conferencia no sirvió para nada.

Es importante que sepas que nadie hará por tu crecimiento lo que no estás dispuesto a hacer tú mismo. Este libro tampoco hará por tí nada que tú mismo no hagas. Como en el caso del asistente a la conferencia, el poder y la decisión de cambiar dependen exclusivamente de ti. En ese sentido, la importancia de este libro no radica en lo que está escrito aquí, sino en lo que tú hagas con ello.

Para finalizar, permíteme repetir que *el estado en que te encuentras hoy es resultado de lo que hiciste o dejaste de hacer en el pasado y eso ya no es posible cambiarlo.*

Lo que logres en el futuro depende de las decisiones y acciones que tú emprendas hoy, y eso está en tus manos.

No voy a decir que te deseo suerte, porque sería desear que tu crecimiento personal dependa de los vaivenes del azar. Eso no sería justo.

Te deseo la *persistencia* y el *entusiasmo* necesarios para poner en práctica tus conclusiones. Con eso, tengo la certeza de que alcanzarás tus metas.

Plan de crecimiento personal

1. Ideas importantes para mi crecimiento

____

____

____

____

____

2. ¿Cómo aplicaré estas ideas?

____

____

____

____

____

3. ¿Qué beneficios obtendré al aplicarlas?

____

____

____

____

____

El autor

Leonel Vidal, comenzó estudios de sociología pero se graduó como Administrador de Empresas. Postrgraduado en Marketing y especialista en Gerencia de la Cultura Organizacional.

Ha sido director de ventas, gerente de mercadeo y gerente general en varias empresas de servicios, publicidad y seguros.

Catedrático universitario, actualmente es miembro de la junta directiva de la Fundación Nuevo Día; y se desempeña como conferencista en temas de mercadeo, desarrollo de la creatividad y crecimiento personal.

Ha participado en múltiples conferencias y seminarios en Perú, Venezuela, Ecuador y Colombia.

leonelvida@latinmail.com